INFLUENCE FRANÇAISE

DANS

L'HINDOUSTAN

MOUVEMENT DE CONVERSIONS

L'ÉDUCATION AU MADURÉ

PARIS

ANCIENNE MAISON RETAUX-BRAY

VICTOR RETAUX ET FILS, LIBRAIRES-ÉDITEURS

82, RUE BONAPARTE, 82

1892

INFLUENCE FRANÇAISE

DANS L'HINDOUSTAN

PARIS

IMPRIMERIE D. DUMOULIN ET Cᵢₑ

5, rue des Grands-Augustins, 5

INFLUENCE FRANÇAISE

DANS

L'HINDOUSTAN

MOUVEMENT DE CONVERSIONS

L'ÉDUCATION AU MADURÉ

———

PARIS

ANCIENNE MAISON RETAUX-BRAY

VICTOR RETAUX ET FILS, LIBRAIRES-ÉDITEURS

82, RUE BONAPARTE, 82

1892

INFLUENCE FRANÇAISE

DANS L'HINDOUSTAN

Une des œuvres les plus dignes d'exciter la sympathie des hommes de bien est assurément l'apostolat des pays infidèles. Laisser tout ce qu'on aimait et possédait pour s'en aller au loin consumer à grand feu sa vie au service des pauvres Indiens ; leur apprendre, aux plus misérables surtout, que tout n'est pas pour eux misère et désespoir ; bâtir des asiles pour les vieillards, des orphelinats pour les enfants, des écoles où l'on puisse former leur cœur et leur esprit : il ne peut y avoir personne qui n'applaudisse à ces projets, personne qui, ayant en main les moyens de les favoriser, refuse de s'y employer.

La sympathie, qui naît à la seule pensée de cette œuvre, deviendrait une ardente compassion, si l'on savait en Europe combien elle est urgente, et combien il serait aisé de la faire prospérer. Des sommes insignifiantes à nos yeux sont là-bas le soutien de bien des familles, la vie de bien des enfants, et il est navrant de penser qu'une grande résurrection morale est retardée ou empêchée, à cause d'une désolante pauvreté.

O vous, à qui, dans sa bonté, Dieu a donné les richesses de la terre, comme il a donné aux montagnes leurs glaciers et leurs neiges, souvenez-vous que votre rôle est de déverser sur ceux qui souffrent la consolation et la vie.

Donnez : Dieu vous rendra, et la fertilité amenée par vous sur la plaine sera, même ici-bas, votre gloire. Donnez, faites des heureux ; cela vous est si facile et cela est si doux ! Ils sont éloignés, sans doute, ces pauvres Indiens pour lesquels j'intercède, et vous n'entendrez jamais leurs voix vous remercier ; mais Dieu les entendra, et il s'en souviendra d'autant mieux que votre désintéressement aura été plus grand.

Donnez : c'est un missionnaire catholique qui vous demande. Imitez Dieu qui donne à tous part à son soleil. Même si vous n'avez pas sa foi, ayez sa charité : il donne toute sa vie à des Indiens ; vous, donnez un peu d'or.

Un jour, on appelait un missionnaire auprès d'un jeune païen d'une douzaine d'années, affligé d'une maladie contagieuse qui le dévorait de la tête aux pieds. Il n'avait jamais connu ni père, ni mère, ni frère, ni ami. « Depuis combien de temps es-tu dans le pays ? demanda le missionnaire ! — Depuis cent ans, » répondit tristement l'enfant. Et comme on riait de sa réponse : « C'est qu'il y a si longtemps, reprit-il, que j'erre seul sur les chemins ! » Le missionnaire lui fit bâtir une petite cabane, et tous les jours lui donna une part de son repas.

Ce pauvre enfant est le vivant symbole de la misère païenne. La lèpre le dévore et personne ne le soulage : allons lui bâtir une cabane, soigner son corps et sauver son âme.

Il est dans l'Inde une charitable coutume qu'on

appelle l'aumône « de la poignée de riz » : si un pauvre n'a rien mangé de la journée, il se présente le soir à n'importe quelle maison ; quelle que soit la pauvreté des habitants, il est assuré d'avoir sa part du souper de la famille.

Comme un pauvre qui n'a rien eu de la journée, je frappe à vos portes et j'y mendie une « poignée de riz » ; ne la refusez pas.

G. BOUTELANT,

Procureur de la mission du Maduré,

35, rue de Sèvres, Paris.

Paris, le 3 novembre 1891.

MOUVEMENT EXTRAORDINAIRE

DE CONVERSIONS

LETTRE DU P. TRINCAL AU P. DE ROCHELY

Pudipatty, 12 juillet 1891.

Mon Révérend et bien cher Père, P. C.

Comme je vous le disais, avec les 200 francs de votre précédent « money-order », j'ai construit la chapelle de Nattampatty, et mon socius, le P. Dayriam, y a baptisé, en un jour, 148 catéchumènes. Il en reste encore une cinquantaine qui se préparent aussi au baptême. C'est une belle chrétienté de 200 âmes. Je suis allé la visiter et j'en ai été très satisfait. Étonnez-vous après cela que j'aie toujours « cette soif ardente de l'or et de l'argent », quand je vois que 200 fr. me donnent le moyen d'arracher aux griffes de Satan deux cents de ces pauvres âmes qui ont coûté au doux Jésus tout son sang.

L'aumône du R. Père Provincial n'a pas eu un si beau sort, du moins en apparence. A peine arrivé à Satour, je me mis à la construction de la basilique de Collapatty, attendue depuis près d'un an par 263 catéchumènes, qui avaient acheté eux-mêmes le local et qui firent une bonne partie de la main-d'œuvre. Le 6 mars, elle était parachevée : l'autel seul m'avait coûté 35 roupies. Le timbre qui, à défaut de cloche, appelle les fidèles à l'église, s'y fit entendre, ce jour-là, pour la première fois. J'étais à vingt kilomètres et je me disposais à aller baptiser tout ce monde, quand un courrier m'arrive tout

haletant pour m'annoncer que l'église de Collapatty
n'est plus qu'un monceau de cendres. Durant la nuit du
6 au 7, le zémindar de cette localité y avait fait mettre
le feu aux quatre coins. C'est la quatrième de mes égli-
ses de chaume incendiées par les séides des zémindars,
dans ces dernières années. Celle d'Elavandour, en 1887,
celle de Courouvicoutam, en 1888, celle de Mougom, l'an
passé. Les deux premières furent reconstruites aux frais
des zémindars qui les avaient fait incendier ; j'ai recons-
truit à mes frais celle de Mougom, faute de témoins qui
me permissent de poursuivre ce zémindar, quoique sa
culpabilité ne fasse doute pour personne. Je n'ai pas
mieux réussi jusqu'ici contre le zémindar de Collapatty ;
je vais donc reconstruire cette chapelle avec ce qui me
reste de l'aumône du R. Père Provincial. Nous verrons
si le zémindar se hasardera à la faire incendier de
nouveau.

Ces tyranneaux de zémindars sont de terribles suppôts de Satan. J'en compte quinze dans mon pangou, et je
ne m'étonne pas que je n'aie pas trouvé un seul ancien
catholique sur leurs terres. En dépit de leur rage infer-
nale, j'ai maintenant des chrétientés dans les chefs-lieux
mêmes de neuf de ces zémindars. Mais Dieu sait la tabla-
ture qu'ils m'ont donnée et me donnent encore ! Ils sont
pourtant un peu excusables, car ceux de leurs sujets qui
se font chrétiens sont, par le fait même, soustraits à
une bonne partie de leur tyrannie : les corvées, le
travail des dimanches, et surtout le service des pago-
des, dont le principal consiste à tirer le char du diable à
la grande fête annuelle.

Sans parler de beaucoup d'autres catéchumènes, qui

viennent presque chaque jour se faire inscrire, je suis actuellement en pourparler avec des Sanars païens d'un village situé tout à fait au pied des montagnes, à 25 kilomètres de Strivilputur. Si l'affaire réussit, comme je l'espère avec la grâce de Dieu, ce sera le plus beau coup de filet que j'aie fait jusqu'ici, car ce sera une chrétienté nouvelle de plus de 500 âmes. Ils consentent à se faire tous chrétiens, à la seule condition que je les aiderai, au moins par mes conseils, à se défendre contre un procès de leur zémindar, ne tendant à rien moins qu'à les déposséder de trente mille palmiers qu'ils cultivent, comme leur propriété absolue, depuis des générations. Ces pauvres gens ont d'autant plus besoin de mes conseils, que pas un sur cinq cents ne sait même signer son nom.

Adieu, mon bien cher Père ; faites prier beaucoup pour les missions ; et donnez-moi une petite part à vos prières et à vos saints sacrifices.

J. B. TRINCAL, S. J.

LETTRE DU P. AMIRDANADER

Supramaniam pooram, octobre 1891.

Mon Révérend Père supérieur, P. C.

Le village d'où je vous écris était protestant et païen il y a un mois à peine. Jusqu'à cette époque il m'avait été impossible de mettre le pied au milieu de cette population qui s'était toujours montrée particulièrement hostile à la religion. J'envoyais mes catéchistes qui n'étaient pas toujours bien reçus. Enfin, au commencement du mois, le choléra m'aida à faire mon entrée. Le

ministre protestant était absent, je me mis à soigner et à
consoler les malades. Le Cœur de Jésus profita de la circons-
tance pour toucher les âmes. Quarante-sept familles se
déclarèrent catholiques ; aujourd'hui, depuis plus de vingt-
cinq jours, malgré la rage et la persécution des protestants
et des brahmes, elles persévèrent. Nous aurons des procès,
les suppôts de l'enfer vont, suivant l'usage, nous traîner
devant les tribunaux, ils payeront leurs témoins mieux
que les avocats. Mais qu'importe ! Dieu est avec nous par
sa grâce ; nos néophytes sont comme les apôtres après la
Pentecôte : rien ne les effraye.

Priez toujours pour votre tout dévoué serviteur.

AMIRDANADER.

LETTRE DU P. VERDIER

Palamcotta, le 23 septembre 1891.

Mon Révérend et bien cher Père Boutelant, P. C.

Je voudrais vous écrire une longue lettre pleine de
détails, pour faire toucher du doigt à nos bienfaiteurs le
bien qu'ils ont fait ici par leurs aumônes ; mais aujour-
d'hui, par suite de la mort des PP. Goffin et Twardowski,
qui triple notre travail, je ne puis que vous énoncer
brièvement et sans commentaire les résultats obtenus
dans le district de Palamcotta. Toute l'année, nous
avons eu à Adeikalabou une moyenne de 450 orphelins
et orphelines ; ajoutez à ce personnel celui des religieu-
ses, des sagnasis et serviteurs, et vous aurez une idée
de mes préoccupations pour faire vivre tout ce monde
en temps de famine.

La ferveur de nos enfants et de nos anciens orphelins

est notre seule consolation ; nous avons eu cette année 23 440 communions, nous avons donné le baptême à 6 200 païens ou enfants de païens. Comme il serait facile de doubler ce nombre si des âmes riches et généreuses avaient l'idée de placer leurs capitaux à la banque du bon Dieu ! Priez bien pour nous et offrez vos souffrances pour que le bon Maître, au lieu de nous ravir nos bons ouvriers, nous en envoie de nouveaux. La moisson mûrit enfin ; il est vrai que les sueurs et le sang ne lui ont pas été épargnés.

Veuillez me croire, en union de vos prières et de vos saints sacrifices,

Votre tout dévoué serviteur et frère.

L. VERDIER.

EXTRAIT

DE DIVERSES LETTRES DU P. CAUSSANEL

Tuticorin, 31 janvier 1891.

Hier matin, après ma messe, je suis parti avec le Père Amirdanader pour visiter les nouveaux chrétiens. Notre tournée a duré de sept heures du matin à sept heures du soir, sans désemparer. Partout les populations accouraient à notre rencontre. Les apostats, les protestants, les païens de toutes les castes venaient à l'envi nous annoncer qu'ils voulaient être catholiques. Le P. Amirdanader me disait : « Je ne puis m'expliquer ce prodige : j'ai passé tant de fois par ces contrées, et personne n'a fait cas du prêtre ; pourquoi cet enthousiasme aujourd'hui ? » Moi-même, je n'avais rien vu de semblable.

Dans une seule forêt, à douze milles de Tuticorin, il

y a plus de trois mille païens disposés à se faire chrétiens. Un catéchiste m'a dit : « Père, je ne saurais exprimer combien ces païens sont désireux d'embrasser notre sainte foi : ils m'écoutent expliquer le catéchisme sans jamais se lasser, et pourtant c'est l'époque des grands travaux. » Déjà toute cette immense contrée semble catholique.

A Maravamadam, on eût dit une population d'anciens chrétiens. La seule famille vellage qui y soit établie est venue, comme toutes les autres, demander le baptême. Un village tout entier, qui avait apostasié jadis et que nous ne connaissions pas, est revenu soudain à la vérité.

A Poudoucottai, tous les protestants se sont cachés. Les brahmes, les vellages, toutes les autorités ont voulu nous recevoir et ont promis de nous aider de toute manière. Ils nous ont offert gratis autant de terrain que nous voudrons et se sont engagés à nous bâtir une école à leurs frais. Ils ne demandent qu'une chose, qu'on accepte de la diriger et qu'on les aide à mettre à la porte les protestants.

Voici un fait singulier. Dans un gros village, l'institutrice protestante est venue la première au-devant de nous et nous a dit : « Pères, il n'y a ici aucune religion. Je ne connais rien de la religion réformée. Aujourd'hui je me fais catholique ; instruisez-moi ! Désormais je ne veux plus servir les protestants, mais vous autres uniquement. » Elle est déjà catéchumène et tout le monde fait son éloge ; nous pourrons avoir en elle une bonne institutrice.

Je ne puis entrer dans le détail d'une quantité de faits vraiment touchants, qui font voir que ce mouvement est entièrement l'œuvre de Dieu. Pas un seul néophyte qui nous ait demandé de l'argent.

Nous n'avons pas eu le temps de nous arrêter pour prendre quelque nourriture. Le temps était propice; pas de soleil : nous avons pu faire à pied une partie du chemin.

Ce n'est plus quatre écoles qui seraient nécessaires : il en faudrait vingt au moins. Je suis presque effrayé de l'immensité du champ qui s'ouvre. Heureusement le catéchiste choisi est tout à fait à la hauteur de son ministère. On l'accepte comme l'envoyé de Dieu ; les villages lui ont offert de le loger et de le nourrir. Je vais en choisir un second, que je placerai momentanément sous la direction du premier.

Priez et faites prier pour que cette abondante moisson ne périsse pas et pour que nos fautes ne nous rendent pas indignes de la recueillir. Je n'ose vous demander de nouvelles ressources ; que Notre-Seigneur nous fasse trouver des âmes généreuses en Europe !

2 février.

Hier, j'ai eu encore de nombreuses demandes de conversion : maintenant, c'est toute la contrée qui s'ébranle. Évidemment nous ne pourrons pas répondre à tous les besoins, car, rien que pour instruire, baptiser et courir d'un endroit à l'autre, il faudrait faire des dépenses que je ne puis absolument pas me permettre. Il y a parmi nos catéchumènes des sujets extrêmement zélés ; il faudrait un livre pour raconter les beaux traits dont j'ai été témoin.

Février 1891.

La visite que je viens de faire dans nos nouvelles chrétientés du sud m'a montré que le bien opéré est vraiment merveilleux. Sans aucune préparation, sans aucun besoin matériel, poussés uniquement par un désir indéfinissable, des milliers de païens se précipitaient à notre rencontre pour nous supplier de les faire instruire et de les sauver.

Nous aurions maintenant une population de dix mille âmes à instruire. On nous appelle de tous côtés. Ce n'est plus la seule contrée du sud qui nous demande ; le même ébranlement se produit sur les autres points. Que le bon Dieu nous vienne en aide en nous envoyant de bons catéchistes et des fonds pour les payer ! J'ignore l'attitude que prennent les protestants ; mais, si le mouvement actuel aboutissait, ce serait la ruine totale du protestantisme à Tuticorin. Les trois principales écoles seraient fermées : Poudoucottai, Saïalbooram et Puthiamputhur. Or le *Caldwel College* doit être alimenté presque uniquement par elles. Il me faudrait du temps et des secours pour mener à bonne fin la destruction de ces trois écoles. Je voudrais par-dessus tout éviter les procès et faire mourir l'erreur sans la frapper.

J'ai choisi ici trois ou quatre sujets qui me semblent plus aptes à devenir catéchistes. Je leur donne une série d'exercices qui leur vaudra une retraite de quinze jours. En rentrant dans leurs villages, ils feront leur possible pour convertir les païens et éclairer les protestants.

Latchiminipuram est un endroit qui offre de grandes espérances et ouvre l'entrée de quinze autres villages païens.

A. CAUSSANEL, S. J.

Le P. Adeikalanader écrit aussi que, du côté de Nogalpuram, il y a un grand mouvement de conversion des païens. Il a déjà dans son pangou près de soixante familles païennes devenues catéchumènes. Trente-cinq familles de Maravers cultivateurs veulent être catholiques. Elles demandent depuis un an, et, après cette épreuve, semblent parfaitement disposées.

.·.

« Il y a, écrit de son côté le R. P. Verdier, non plus six cents, mais plus de dix mille catéchumènes dans les environs de Tuticorin. Il y avait un besoin urgent de construire douze chapelles dans douze villages. N'ayant pas les ressources nécessaires, j'hésitais à accorder la permission. Mais le R. P. Barbier s'est trouvé avoir une aumône faite au Père Boutelant pour la mission, par Mgr Zalesky lui-même, quand il était à Paris. Le Révérend Père nous l'a cédée, ce qui a fait un grand plaisir au prélat ; et, avec cet encouragement providentiel, j'ai pu dire au nom du divin Maître : *Laxate retia !*

Nos Pères, et, à leur tête, le P. Caussanel, l'infatigable, l'âme de tout, sont admirables de dévouement. J'allais faire partir cette lettre quand le P. Caussanel est venu me supplier de faire baptiser ici les catéchumènes de Siloukanpatti (vingt familles) et d'un autre village de la même caste, tous Pallers. Tous ces païens ont appris d'eux-mêmes les prières. Ils ont passé une partie de la nuit à achever de s'instruire ; et maintenant (onze heures du matin), ils sont encore à jeun. Ils ne demandent aucun secours pécuniaire et donnent des gages sûrs de persévérance. Je me suis laissé vaincre et j'ai permis leur baptême. »

2

LETTRE DU P. GUCHEN

Pudur-Pragassapuram, 7 novembre 1890.

Un enfant de Sangarenendhy, de dix à onze ans, petit pour son âge, malingre par suite de la faim et de la misère longtemps endurées, et presque nu, se présente à moi. Il pleure : sa mère vient de mourir, il n'y a que quelques heures ; il demande une toile pour l'ensevelir.

Pendant que l'on va acheter la toile, je demande à l'enfant, qui avait fait un chemin de quatre milles : « As-tu mangé quelque chose aujourd'hui ? — Non, me répond-il timidement. — Et hier ? — Non plus, Père. — Quoi ! rien du tout ? — Eh ! qui donc me l'aurait donné ? ma mère, malade depuis un mois, était mourante. » Je lui donne un quart d'*ana* (trois liards), et je l'envoie à la boutique acheter un peu de *carponkatti* (sucre noir de palmier).

Quand il revient, tout en lui remettant la toile qui doit servir à la sépulture de sa mère, je lui dis : « As-tu acheté le carponkatti ? — Oui, Père. » Et, retirant du misérable petit chiffon qui lui ceint les reins gros comme une noix de sucre noir de palmier, il me le présente. Je me récrie : « Comment ! lui dis-je, pour trois liards on ne t'a donné que cela ? — Je n'en ai acheté que pour un liard, et j'en ai mangé la moitié, me répond l'enfant. — Qu'as-tu fait des deux autres liards ? — Je les garde pour vivre, moi et mon frère cadet, aujourd'hui. C'est aussi pour mon frère que je réserve cette moitié de carponkatti. »

En sus de la toile que je lui avais déjà remise, j'ai donné à cet enfant un quart de roupie, malgré les de-

mandes incessantes d'aumônes dont nous sommes assail-
lis tous les jours, maintenant surtout qu'une famine
plus terrible que celle de 1877-78 sévit dans le Tine-
velly.

D. GUCHEN, S. J.

Le P. Goffin écrit de Palamcottah, le 15 février 1891 :
« Il a plu un peu par ici ; la misère cependant est très
grande. Le R. P. Verdier ne pouvait, ce matin même,
retenir ses larmes en voyant venir à lui une famille de
pauvres affamés : le père, la mère, deux ou trois enfants
en bas âge et les grands-parents infirmes. Ce sont des
tisserands de Viravanellaar (pangou du P. Machabert).
Beaucoup de chrétiens ont quitté ce pangou, où ils ne
trouvent pas de quoi vivre. Les vieillards mendient ; les
jeunes gens vont demander du travail aux musulmans.
Pauvres gens ! qu'ils sont à plaindre et qu'ils sont expo-
sés à perdre leur foi, si le bon Dieu ne les assiste ! »

L'ÉDUCATION AU MADURÉ

RAPPORT PRÉSENTÉ

A l'assemblée générale des catholiques du Nord et du Pas-de-Calais

Par le R. P. BOUTELANT, Procureur du Maduré.

Si je ne savais qu'un cœur catholique est assez vaste pour aimer le monde entier, j'oserais à peine me présenter à vous pour vous parler d'un peuple qui vous est étranger. Assez d'œuvres vous sollicitent en France pour que votre zèle se puisse dispenser d'aller chercher ailleurs de nouveaux aliments. Mais elle est si belle cette attitude des chrétiens qui, lors même que le danger les entoure, songent à sauver au loin des frères ; elle est si belle, Messieurs, et si digne de vous, que je viens avec confiance vous entretenir du Maduré. J'avais naguère l'honneur d'en parler au Congrès eucharistique de Paris, j'y disais les merveilles que le divin sacrement avait opérées dans l'Inde. Aujourd'hui, Messieurs, dans cette assemblée qui est comme l'état-major de la Cité de Dieu, discutant le plan à suivre pour renverser l'autre cité, je me permettrai de vous signaler l'éducation comme l'irrésistible levier qui seul pourra soulever le vieux monde indien et le jeter au pied de la croix. La place se fait aujourd'hui si vide autour de cette pauvre croix de Notre-Seigneur ! les désertions dégarnissent à tel point les rangs de ceux qui l'entouraient, que les catholiques doivent être heureux quand on leur propose un moyen quelconque de réparer, pardonnez-moi l'expression, de réparer la fortune de leur Dieu. Permettez-moi donc, Messieurs, de vous développer cette double pensée. L'heure semble être propice pour convertir l'Hindoustan, mais le seul moyen d'y parvenir c'est d'y répandre l'éducation chrétienne.

I

Est-il vrai, Messieurs, que l'heure ait sonné de convertir l'Hindoustan ? Et d'abord l'Inde est-elle à convertir ?

Il n'est que trop facile de répondre à cette question préliminaire, et je voudrais que l'évidence fût ici moins attristante. Numériquement, l'Inde est encore quasi toute au démon, puisque, sur les deux cent cinquante-neuf millions d'habitants que contiennent les Indes anglaises, il n'y a pas deux millions de chrétiens, les protestants compris.

Les chrétiens ne sont donc pas un centième de la population totale de cette immense péninsule, et peut-être, dans quelque couvent d'Europe, quelque sœur de Sainte-Thérèse, éclairée par le ciel, voit-elle tous les jours, de ce côté de l'Orient, des âmes humaines tomber en enfer plus pressées que la neige en hiver.

Mais ce n'est pas tant la supériorité numérique du paganisme qui m'afflige dans l'Inde que sa domination sociale. Socialement, l'Inde est entièrement à convertir. Le règne du démon y persiste, et si nous autres, peuples chrétiens, nous rejetons le règne social de Jésus-Christ, eux subissent encore le règne social de Satan. Règne pesant, Messieurs, tyrannie qui est le châtiment que Dieu envoie à ceux qui le rejettent, lui le bon Maître ; tyrannie à laquelle Dieu pourrait bien livrer l'Europe, le jour où les blasphèmes des impies n'y seront plus couverts par les prières des croyants.

Le succès essentiel ne consiste donc pas tant, pour le catholicisme, à arracher beaucoup de païens à l'infidélité qu'à ruiner le paganisme lui-même dans ses principes constitutifs, et si l'heure actuelle me semble pleine d'espérances pour l'Inde, c'est moins à cause des conversions qui s'y multiplient d'une façon étonnante, qu'à cause des signes de décadence qu'offre le brahmanisme.

Les brahmes, la caste sainte de la religion brahmanique, voilà, Messieurs, le cœur de la place. Depuis trois cents ans, nous en tentions l'assaut sans que l'inexpugnable rempart offrît la moindre brèche. Or voici qu'il s'en ouvre, et que là où François Xavier ne put point passer, ses frères peut-être pourront bientôt arborer la croix. Ceci, Messieurs, demande quelques explications ; permettez-moi de les donner.

On peut dire que les lois de Manou, code universel des Indiens, reposent sur trois points fondamentaux, sauvegarde du brahmanisme : le respect des rites, la séparation des castes, l'indivision des familles. Or, ce sont précisément ces trois points qui faiblissent.

Le premier est déjà en ruine. Comment des rites gênants et absurdes seraient-ils respectés quand la foi disparaît ? Et comment la foi ne disparaîtrait-elle pas quand ses défenseurs-nés la répudient ? Les brahmes autrefois en étaient les défenseurs, les interprètes et les pontifes ; en récompense, Manou les déclarait non pas hommes seulement, mais dieux, émanation directe de l'essence éternelle. Et voyez, Messieurs, comme ils pre-

naient leur rôle au sérieux ! La vie d'un brahme, alors,
avait quatre phases. Enfant, il était brahmanachari ; il
se mettait sous la tutelle d'un vieux maître instruit dans
les Védas, qui lui apprenait sa grandeur et ses devoirs ;
il sortait de cette initiation convaincu de son infaillibi-
lité dogmatique et de sa supériorité divine. Marié, le
brahme devenait grastha, jusqu'à ce qu'il eût élevé sa
famille. Alors commençait la vie de purification ; le vana-
pastha devait vivre dans les bois et se livrer à la con-
templation des choses divines ; mais il pouvait encore
visiter sa famille. Dans la dernière période, au contraire,
tout lui était interdit. Il ne vivait plus que de racines et
s'imposait des mortifications horribles. Il était alors
sagnasi, et, sa sainteté étant consommée, il n'avait plus
qu'à mourir.

La ferveur évidemment eut toujours des degrés divers,
mais enfin le brahme existait, l'on croyait en lui, et il y
a quarante ans on aurait encore pu trouver dans le sud
de l'Inde des vanapasthas et des sagnasis. Aujourd'hui,
de Calcutta à Cochin, je doute qu'on en trouve un seul.

De plus en plus les brahmes sont les premiers à recon-
naître que leurs rites sont absurdes. S'ils en pratiquent
encore certains, c'est pour obéir à la divinité de l'usage,
ou bien encore (je le leur ai entendu dire souvent) par
peur de leurs femmes [1].

La séparation des castes est un autre principe des lois
de Manou, et celui-là je ne puis pas, certes, dire qu'il a
perdu de sa force, car je ne sais rien au monde de plus
tenace que ces préjugés de castes. Mais, aussi bien, la

1. Depuis cette époque nous avons eu la conversion d'un brahme
et de sa famille.

seule séparation des castes, bien que créant de grandes
difficultés au missionnaire, n'empêcherait pas absolument les conversions si l'Indien arrivait à comprendre
que cette séparation est conventionnelle, sociale, mais
n'entraîne aucune différence essentielle d'une caste à
l'autre. Or, ici comme partout, les derniers à convaincre
sont les brahmes. Mettez-vous à leur place, Messieurs ;
on ne renonce pas si aisément à la participation de l'essence divine et aux privilèges exorbitants que confère
cette nature surhumaine.

Oui, mais ce que le brahme ne veut pas céder, on le lui
ravit malgré lui. Découronné de son prestige de sainteté,
forcé de subir dans les collèges l'impur contact des
parias, refusé à des examens où des parias sont reçus,
ses yeux s'ouvrent enfin, ou du moins ceux des autres
castes, et on finit par comprendre que ce dieu n'est pas
un dieu très authentique. De ces hauteurs, la chute est
rapide, et quand les brahmes se relèveront simples mor-
tels, peut-être trouveront-ils la loi du Dieu fait homme
moins indigne d'eux ?

Enfin, Messieurs, un dernier point où la brèche se pré-
pare, c'est la famille. Je n'en signale que deux indices :
les mariages irréguliers et la division des biens.

Les familles autrefois restaient dans l'indivision, même
après la mort du père. Les filles d'ailleurs n'avaient aucun
droit aux biens patrimoniaux, et quant aux fils, qui tous
avaient droit à leur part proportionnelle, ils ne la récla-
maient jamais. Depuis six ou sept ans, au contraire, les
fils demandent le partage, et, la loi anglaise appuyant
leurs demandes, la division s'introduit, et avec elle
l'amoindrissement des vieilles familles brahmaniques.

Quant au mariage, l'acte le plus sacré aux yeux du brahme, il est en train de subir trois modifications, dont vous apprécierez la valeur : le fils, qui jadis, les yeux fermés, recevait la femme que ses parents avaient choisie, commence à déclarer que ce rôle lui déplaît ; les mariages de caste supérieure à caste inférieure s'introduisent ; enfin on a vu des veuves païennes se remarier. Cette dernière violation de la loi a même causé un tel éclat que les docteurs se sont réunis, que deux camps se sont formés et qu'un d'eux, pour dissimuler le mal, a déclaré qu'au fond le cas était permis par les Védas. Mais il est loin d'être permis, car, vous le savez, Messieurs, la loi indienne ne réserve aux veuves que le bûcher ; et si l'Angleterre empêche aujourd'hui l'application de cette loi, la femme indienne, une fois veuve, n'en est pas moins une esclave vouée à tous les mépris et à toutes les misères.

Nous-mêmes, quand nous avons voulu remarier des veuves catholiques, nous avons presque causé des révolutions de paroisses entières : « Vous n'y pensez pas ! nous disait-on. Si nos femmes savent qu'elles peuvent se remarier après notre mort, elles vont toutes nous empoisonner. » C'est, en effet, cette raison de prudence qui fit jadis porter la loi du bûcher. Et ne nous étonnons pas de ces monstruosités ; songeons plutôt à remercier Jésus-Christ, qui nous en a délivrés. Joseph de Maistre comprenait la raison de ces lois quand il disait : « Avant d'effacer l'Évangile, il faut enfermer les femmes ou les accabler de lois épouvantables comme celles de l'Inde. » Ce n'est point là un paradoxe, Messieurs. Seul l'Évangile a su tirer la femme de son abaissement, et, sur le modèle de la Vierge Marie, nous faire les mères que nous avons. Aussi les mains criminelles qui effacent aujourd'hui l'Évangile, sans prendre la précaution préliminaire indiquée par le comte de Maistre, ne nous feront que des pédantes détraquées ou des tricoteuses de la guillotine.

Vous avez pu voir, Messieurs, par ces quelques indications, qu'il se fait dans la société brahmanique une dissolution réelle, et la persistance de cette société étant le grand obstacle à la conversion de l'Inde, on peut légitimement affirmer que cette conversion devient possible pour ce grand peuple. Déjà il comprend que ses rites sont absurdes, que ses castes sont conventionnelles, que ses institutions domestiques sont imparfaites. Mais parce que, cette constatation faite, un abîme les sépare encore du catholicisme, notre œuvre est maintenant de tracer une voie qui les mène jusqu'à nous. Or, il n'en est qu'une de possible : l'éducation, et l'éducation catholique.

II

Il est, en effet, de toute évidence, Messieurs, que si nous voulons accélérer un mouvement que nous croyons heureux, il faut se servir du moyen même qui lui a donné naissance. Or, c'est assurément l'éducation, telle qu'elle est pratiquée aux Indes, depuis surtout dix ans, qui a causé le mouvement dont je vous parle.

Le peuple indien, Messieurs, est très intelligent : peu métaphysicien peut-être, mais perspicace, et aujourd'hui il apprend de plus en plus à se passer des Anglais. Non, certes, qu'il songe à recouvrer une autonomie quelconque, mais parce que les charges, les emplois publics passent graduellement dans ses mains. Les collèges, comme toutes les autres administrations, se peuplent de professeurs indiens, et les Européens qui se trouvent à la tête des grandes industries préfèrent eux-mêmes, à mesure qu'ils en trouvent de capables, des employés indiens, qui ne demandent qu'un moindre salaire. D'autre part, le gouvernement, assailli par le flot des solliciteurs de places, n'a trouvé qu'un moyen pour l'arrêter : c'est de n'accorder ses faveurs qu'aux gradés de l'Université. Tout ce qu'il y a d'intelligent dans l'Inde s'est alors rué vers les collèges, afin d'y trouver une préparation à ces grades bienheureux. Chaque jour on hausse un peu le niveau, on bouleverse les programmes, on invente de nouveaux examens : la foule des affamés ne diminue en rien. Le terme est donc déplacé pour l'Indien : la vie parfaite du sagnasi ne tente plus personne ; ce sont des places qu'il faut, et pour y parvenir, un diplôme. Pour acquérir ce diplôme, rien ne paraîtra impossible ; on souffrira le contact des parias, on apprendra les langues de l'Europe, on sollicitera à genoux l'admission dans un collège catholique, on trahira, en un mot, sa foi.

Voilà, Messieurs, ce qu'a fait l'éducation aux Indes. Mais, si vous le remarquez, ce ne sont là que des ruines ; et si c'est là toute son œuvre, c'est une œuvre funeste. Le brahme s'aperçoit vite que sa religion ne soutient pas la discussion, mais il a une âme comme nous, une âme qui, faite pour Dieu, ne peut point ne pas souffrir quand la science européenne dissolvante et sceptique a fait dans ses convictions un désert effroyable.

L'instruction publique là-bas est aux mains des protestants, souvent libres penseurs plus ou moins avoués. Or, que savent faire ces hommes, sinon mettre le chaos à la place de l'erreur et le scepticisme à la place de la foi? Mais c'est là une œuvre néfaste et que Dieu doit maudire, et, pour ma part, je préfère infiniment le pauvre fakir qui se jetait sous le char de Vichnou, à ces petits misérables que l'on rend incroyants; car la bonne foi peut trouver place dans le cœur des premiers, jamais dans l'âme des autres. Voilà donc où nous en sommes, Messieurs : des ruines, un plein champ de ruines causées par l'instruction publique. En devons-nous rester là? est-ce pour ce beau travail que je demandais vos félicitations? Non, certes. Il reste à bâtir maintenant, à bâtir par l'éducation catholique; c'est l'heure de la conversion, disais-je; j'aurais mieux dit : c'est l'heure de la crise et ce sera l'heure de l'irrémédiable perversion, si nous n'en faisons l'heure du salut.

L'Église l'a bien compris; aussi elle a sans cesse exhorté ses missionnaires à se lancer dans le courant pour l'endiguer et le rendre salutaire; et je vous assure, Messieurs, que les missionnaires de l'Inde ont obéi avec ferveur. En dépit des difficultés de tout genre et malgré des contradictions souvent bien pénibles, ils ont bâti des collèges, et, au lieu de se lancer dans une vie d'apostolat, plus agréable peut-être pour l'imagination et pour le cœur, ils se sont faits professeurs, surveillants; ils se sont usés et s'usent encore, sous un climat meurtrier, à préparer des élèves à des examens difficiles, ou à s'y préparer eux-mêmes. Je vous affirme, Messieurs, qu'il est profondément douloureux, quand on a quitté famille, patrie, de se plonger ainsi dans un travail parfois rebutant et dont on n'aperçoit guère le résultat immédiat, d'enfermer dans son cœur ce nom de Jésus qui voulait en sortir et qu'on brûle de jeter à ces pauvres âmes, et de se contraindre à borner son apostolat à quelques classes de chimie ou d'algèbre. C'est la marche lente du bataillon qui déblaye le terrain pour l'assaut. On est sûr de mourir avant d'avoir tiré un coup de feu, mais on sait du moins que c'est pour Dieu qu'on avance, et puis qu'un jour, sur les fossés que nos cadavres auront comblés, nos frères passeront sans efforts ; et l'on est content.

Messieurs, je puis vous parler de cela avec quelque expérience, car dans notre grand collège Saint-Joseph de Trichinopoly, qui compte aujourd'hui plus de 1 200 élèves, dont 500 brahmes, j'ai eu pendant cinq ans l'honneur d'exercer les fonctions de professeur, de surveillant et de préfet. J'étais surtout chargé de nos cinq cents brahmes ; je les avais donc sans cesse sous mes yeux. jouissant de l'ardeur incroyable avec laquelle ils poursuivaient un misérable diplôme ; je plongeais à loisir dans ces pauvres, bien pauvres âmes, et mon impuissance à les sauver eût été désolante, si je n'avais senti que je travaillais de loin pour un triomphe que je ne verrai pas.

Puisque je vous ai nommé le grand collège Saint-Joseph de Trichinopoly, il vous sera un exemple, Messieurs, du bien que peut faire l'éducation catholique. Fondé en 1882 seulement, il a donc aujourd'hui plus de 1 200 élèves. Seul grand collège catholique de l'Inde méridionale, il a acquis par ses succès aux examens un prestige incontesté, et la mission y attache une si grande importance que, plutôt que de le laisser périr, elle rappellerait, je crois, ses plus utiles missionnaires pour en faire des professeurs. Or, Messieurs, outre le bien incalculable que ce collège fait aux élèves catholiques, pensez-vous que cinq cents brahmes puissent y passer cinq, six, dix ans, sans qu'il se fasse en leur âme un changement profond? Peuvent-ils voir tant de dévouement, tant d'amour, une vie si différente de la leur, sans être portés à vénérer du moins Celui d'où nous viennent et ce dévouement et cet amour? Peuvent-ils passer tous les jours sous la statue de la sainte Vierge, qui domine leur porte d'entrée, sans élever vers elle un regard respectueux et sans en recevoir en échange une grâce salutaire? Messieurs, il y a dans nos annales du Maduré un trait touchant: « Un pauvre Indien infidèle se mourait un jour dans une hutte abandonnée. Un missionnaire qui passait loin de là se sentit intérieurement poussé à aller vers cette hutte. Il s'y rend sans trop savoir pourquoi. Il y trouve le mourant, et, peu après, il avait la joie de le baptiser. Et comme il demandait à ce pauvre Indien ce qu'il avait fait pour mériter cette grâce suprême: « Oh! répondit l'autre, chaque jour, en passant devant une « statue de la sainte Mère de Dieu, je lui disais: Je « vous salue! »

Eh bien! Messieurs, nos brahmes seront comme ce mourant, et pour le salut que chaque jour ils donnent à Notre-Dame, je veux espérer que cette Mère admirable leur donnera la foi.

Du reste, je ne l'espère pas sans raisons, et dans ceux de ces cœurs qui ne sont pas encore trop souillés, je sais que bien souvent Dieu a parlé. Que de fois, voyant sur une table une image du Sacré Cœur ou un crucifix, un

de ces brahmes m'en demandait une semblable. Bien
entendu, je commençais par refuser. « Qu'en feras-tu,
pauvre enfant ? tu ne sais ce que c'est, et tu ne la res-
pecteras point. — Oh! si, Père, je la respecterai
beaucoup. — Mais tu ne sais pas ce que c'est. — Oh!
vous le croyez, Père ; mais je le sais bien, allez ! » Et
le pauvre enfant me racontait à sa manière l'histoire
de la Rédemption. Je la lui racontais moi-même ensuite
et lui donnais l'image. Ce ne sont là sans doute que des
semences jetées au vent, mais j'aime à croire qu'elles ne
sont pas toutes perdues et je bénis Dieu qui m'a permis
de les jeter.

Un signe plus sérieux encore du bien fait par le collége,
c'est l'influence qu'il acquiert dans tout le Sud. « Êtes-
vous cousins des Pères de Trichinopoly ? demande-t-on
aux missionnaires. — Mais certainement ! » et les voilà
aussitôt relevés dans l'estime publique. Les brahmes les
respectent, les protestants les redoutent, et si d'anciens
élèves de Trichinopoly se trouvent dans la station du
missionnaire, ils sauront au besoin lui assurer une justice
qu'il aurait autrefois demandée en vain.

Mais, hélas ! Messieurs, le Maduré comprend plus de six
millions d'habitants épars dans d'immenses régions, et il
n'y a qu'un grand collége ; et des cent seize missionnaires
qui évangélisent la mission, une quarantaine au plus
peuvent s'occuper du collége. Pour un si grand travail
que c'est peu d'ouvriers !

Ah ! si l'Angleterre officielle était catholique et si elle
avait pour le salut de ses lointains sujets le zèle qu'avait
un Jean III de Portugal, que d'âmes seraient sauvées ! Le
brahmanisme, en effet, déconsidéré, la femme instruite et

protégée, il ne resterait plus, pour convertir l'Inde, qu'à assurer aux brahmes convertis une situation qui les consolât d'être reniés par leurs frères, car ils seraient catholiques du jour où ils y verraient moins de difficultés. Sans doute la première génération des convertis de cette sorte ne serait pas héroïque, mais, la grâce de Dieu aidant, leurs fils le deviendraient.

Messieurs, il n'y a guère à compter sur l'Angleterre, mais un poète n'a-t-il pas écrit qu'un jour on devrait dire dans le monde :

Tout homme a deux pays : le sien et puis la France.

Eh bien ! c'est à ce second pays que je m'adresse pour les fils de l'Hindoustan. Nation généreuse qui prodigue sans compter à la Chine et aux Indes, à l'Afrique et à l'Australie, de l'or et des apôtres, que sa charité soit bénie ! Pour le salut qu'elle donne aux autres, que Dieu la sauve elle-même ! Et si, dans cet auditoire, il est quelqu'un de ces jeunes hommes qui, semblable au héros de Virgile, se soit dit jamais :

> ......*Aliquid jamdudum invadere magnum*
> *Mens agitat mihi,*

qu'il regarde le monde : la moisson est mûre et les bras manquent pour la faucher ; s'il veut du bonheur, s'il veut une vie féconde, qu'il aille à ce labeur.

Et vous, Messieurs, que d'autres luttes retiennent ici, vous qui m'avez permis cet appel, laissez-moi en finissant vous recommander mes chers brahmes. Sauvez-les ! et Dieu qui est bon sauvera vos enfants.

FIN

9 782329 659275